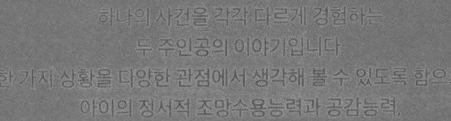

듀얼스토리북은
하나의 사건을 각각 다르게 경험하는
두 주인공의 이야기입니다.
한 가지 상황을 다양한 관점에서 생각해 볼 수 있도록 함으로써
아이의 정서적 조망수용능력과 공감능력,
사회·정서 문제해결력 향상을 돕습니다.

기 획 이유미
발달심리학을 전공하고, 교육회사에서 아이의 심리와 성장, 잠재력을 연구했습니다. 지금은 다양한 교육 콘텐츠를 기획하며, 아이들의 공감능력 향상을 위해 노력하고 있습니다.

글쓴이 김선민
다양한 분야의 스토리 콘텐츠를 제작하는 작가로 활동하며 답이 있는 이야기가 아닌 답을 찾아갈 수 있는 이야기를 쓰려고 노력하고 있습니다. 문학예술 강사활동을 하며 아이들과 만나기도 합니다.

그린이 신혜인
만화 관련 학과 졸업 후 프리랜서 일러스트레이터로 활동하고 있습니다. 마음속 이야기들을 그림으로 표현하는 일이 즐겁습니다. 누구나 자기답게 행복한 세상을 꿈꿉니다.

왜 자꾸 방해해

1판 1쇄 발행 2019년 7월 25일 **1판 2쇄 발행** 2024년 5월 27일

기획 이유미 **글쓴이** 김선민 **그린이** 신혜인
펴낸곳 마노컴퍼니 **펴낸이** 이유미 **편집** 한라경 **디자인** 이든디자인
등록 제25100-2018-000008호 **구입 문의** 070-7606-8585
홈페이지 manocompany.com **이메일** mano@manocompany.com

ISBN 979-11-90214-01-8 77370
       979-11-958450-3-3 (세트)

이 도서의 국립중앙도서관 출판예정도서목록(CIP)은 서지정보유통지원시스템 홈페이지(http://seoji.nl.go.kr)와 국가자료공동목록시스템(http://www.nl.go.kr/kolisnet)에서 이용하실 수 있습니다.(CIP제어번호:CIP2019024778)

*본 책은 저작권법에 의해 보호를 받는 저작물이므로 무단 전재와 복제를 금합니다.
*KC마크는 이 제품이 공통안전기준에 적합하였음을 의미합니다.

모델명 왜 자꾸 방해해 **제조년월** 2024. 5. 27. **제조자명** 마노컴퍼니 **제조국명** 대한민국
전화번호 070-7606-8585 **사용연령** 7세 이상

왜 자꾸 방해해

이유미 기획 | 김선민 글 | 신혜인 그림

"경주할 사람! 교실 뒤로 와!"
슈슈의 말에 아침부터 공룡 로봇 경주가 열렸어요.

"어? 치오! 처음 보는 로봇인데?"
슈슈가 치오의 로봇을 보고 말했어요.
"응! 새로 조립한 로봇이야."
치오가 밤늦게까지 조립한 로봇을 자랑스럽게 경기장에 내려놓았어요.

"자! 그럼 시작하자!"
슈슈는 경주에 참여할 친구들을 모아, 대결할 상대를 뽑기 시작했어요.
서로 대결하고 싶은 상대 이름을 외치느라 교실은 금세 시끌시끌해졌어요.

선생님이 로봇 경주는 수업 끝나고 하라고 했잖아.
교실이 시끄러워지겠어….

오늘은 꼭 1등을 할 거야.
1등을 하면 슈슈만큼 인기가 많아지겠지?

친구들은 서둘러 열심히 만들어 온 공룡 로봇을 꺼냈어요.
치오도 조립한 공룡 로봇을 꼭 안고
경주가 열리는 교실 뒤로 갔어요.

체니와 몇몇 친구들만 자리에 남아 있었어요.

"아휴, 시끄러워! 다들 자리로 돌아가!"
반장인 체니는 귀를 막고 자리에서 소리쳤어요.
하지만 교실 뒤에 모여 있는 친구들은
체니의 말을 무시하고 경주를 시작했어요.

공룡 로봇 경주는 어느새 결승전만 남아 있었어요.
"결승에서 슈슈와 대결할 강력한 도전자, 치오의 로봇을 소개합니다!"
사회를 맡은 친구가 제법 그럴듯하게 치오를 소개했어요.
치오는 예선전에서 모두 큰 차이로 다른 친구들을 이기고 결승에 올라왔어요.
치오는 자기 이름이 교실에 쩌렁쩌렁하게 불리자 쑥스러운 듯 미소를 지었어요.
친구들은 치오와 슈슈의 이름을 큰 소리로 외치며 응원했어요.

"선생님이 로봇 경주 하지 말라고 했잖아!!!"
체니가 다시 한 번 소리를 질렀어요.
하지만 공룡 로봇 대회 결승전을 보고 싶은 친구들은
자리로 돌아가려 하지 않았어요.

슈슈만 이기면 내가 1등이야.
열심히 로봇을 만들길 잘 했어.

반장인 내 말을 무시해?
경주를 못 하게 해야겠어!

드디어 결승전이 시작되었어요.

"공룡 로봇 대회 5연속 챔피언 슈슈,
거기에 도전하는 치오! 과연 누가 이길 것인가!
이제 시작합니다! 출발!"
사회자가 출발을 외치자,
슈슈의 로봇과 치오의 로봇이 동시에 출발했어요.

"이제 수업 시작하기 5분 전이야!"
체니는 또 다시 소리를 질렀어요.
하지만 슈슈와 치오를 응원하는 소리가
너무 커서 체니의 목소리는
잘 들리지 않았어요.

처음에는 슈슈의 로봇이 조금 앞서가는 듯하더니,
장애물을 넘는 코스에서 치오의 로봇이 간발의 차이로 앞서기 시작했어요.
그 뒤로 치오의 로봇이 한 뼘이나 앞서 나갔어요.
"치오 로봇 엄청 빨라!"
친구들이 환호성을 질렀어요.

"이제 오르막 코스만 넘어서면 결승선입니다.
도전자 치오가 우승할 수 있을까요?"
사회자의 말에 치오는 두 손을 모으고, 입을 꽉 다물었어요.

"이제 그만해!"
체니가 친구들 사이로 들어가서
결승선에 거의 다다른 치오의 로봇을 집어 들었어요.
순식간에 경기장이 조용해졌어요.
"이게 무슨 짓이야!"
치오가 소리를 질렀어요.

내가 이날을 위해서 얼마나 열심히 로봇을 만들었는데!
왜 나를 방해하는 거야?

하지 말라고 할 때 그만뒀어야지!
반장 말을 계속 무시하면 이 방법밖에 없어!

"너희들 때문에 다른 친구들이 얼마나 피해를 보는지 알고 있어?"
체니의 말에 자리에 앉아 수업을 준비하던 몇몇 친구들이
체니의 말이 맞다며 수군거렸어요.
"저것 봐. 친구들도 방해가 된다고 그러잖아! "
체니가 친구들을 가리키며 말했어요.

그때였어요.
"와장창."
체니의 손에 쥐어 있었던 치오의 공룡 로봇이
바닥으로 떨어지고 말았어요.
바닥으로 떨어진 공룡 로봇은 산산이 부서졌어요.

"체니 너!"
화가 난 치오가 체니를 뒤로 밀쳤어요.
체니는 우당탕 소리를 내며 바닥에 엉덩방아를 찧었어요.
치오는 넘어진 체니를 보지도 않고,
부서진 공룡 로봇 블록을 주웠어요.

"나를 밀어?"

체니도 일어나서 치오를 밀었어요.
치오가 벌러덩 넘어지면서
기껏 주운 공룡 로봇 블록이
사방으로 흩어졌어요.

"자꾸 화나게 할래?"

치오가 소리를 지르며 체니에게 달려들자
옆에 있던 친구들이
치오와 체니를 말렸어요.

내 소중한 로봇을 던져? 내가 얼마나 열심히 만들었는데!
게다가 경주는 나만 한 게 아니잖아!
왜 나한테만 이러는 거야!

실수로 로봇을 떨어뜨린건데…
자기가 잘못한 건 생각 안 하고
나를 밀쳐?

"니가 왜 화를 내는데? 잘못을 한 건 너잖아!"
체니가 치오를 향해서 외쳤어요.
반 친구들도 웅성거리기 시작했어요.
공룡 로봇 경기 때문에 불편함을 겪었던 친구들은
체니가 해야 할 일을 했다고 생각했어요.

"웃기시네. 니가 경기를 망쳤잖아. 내 로봇도 망가뜨렸고!"
치오가 맞받아쳤어요.
공룡 로봇 경기를 좋아하던 친구들은 치오를 응원했어요.
반 친구들이 두 편으로 나눠졌지요.

"체니 넌 해야 할 일을 한 거야."
조용한 걸 좋아하는 마코는 체니의 행동이
용기 있었다고 말했어요.

"이건 전부 체니 잘못이야.
계속 경주를 했으면 니가 만든 로봇이 우승했을 거야."
슈슈는 치오를 위로해 줬어요.

맨날 규칙! 규칙!
규칙만 지키면 남의 소중의 물건은 망가뜨려도 된다는 거야?
만약 체니가 먼저 로봇을 부순 것에 대해 사과했다면
나도 규칙을 어긴 거랑 체니를 밀친 건 잘못했다고 인정했을 거야.

치오는 너무 뻔뻔해.
규칙을 지키지 않은 거랑 친구들에게 방해가 되었다는 걸 인정했다면
나도 로봇 망가뜨린 걸 사과했을 거야.

치오는 학교가 끝날 때까지
체니에게 말을 걸지 않았어요.
치오는 부서진 로봇 부품들을 만지며
체니가 했던 말을 생각했어요.

'나는 내가 만든 로봇을 자랑하고 싶었던 것뿐인데….
친구들에게 방해가 되는 줄은 몰랐어.'

체니도 학교가 끝날 때까지 치오에게 말을 걸지 않았어요.
체니는 가방을 챙기며 가방 속을 슬쩍 만졌어요.
가방 속에는 체니가 밤늦게까지 만든 공룡 로봇이 들어 있었어요.

'학교 끝나고 로봇 경주를 했다면 나도 같이 했을 텐데….
치오도 나처럼 로봇을 열심히 만들었겠지…?
치오의 소중한 로봇을 부순 건 내가 잘못했어.
하지만 나는 반장이니까 안 되는 건 안 된다고 알려 줘야 해.
어떤 방법으로 알려 줘야 싸우지 않고, 제대로 알려 줄 수 있을까?

그 다음 이야기를 만들어 보세요

체니는 자꾸만 망가진 치오의 공룡 로봇이 생각났어요.
어깨를 축 늘어뜨린 채 집으로 가는 치오를 그냥 보낼 수는 없었어요.
체니는 치오에게 무슨 말을 했을까요?

치오는 로봇 경주를 하지 말라고 몇 번이고 말하던 체니가 계속 떠올랐어요.
아까 넘어져 다친 엉덩이를 자꾸만 만지는 체니에게 조심스럽게 다가갔지요.
치오는 체니에게 무슨 말을 했을까요?

생각을 나눠 보세요

체니는 어떤 감정을 느꼈나요?
가능한 자세히 감정들을 발견해 보세요.

친구들이 규칙을 어기고 로봇 경주 대회를 하자, 체니는 어떤 방법으로 못 하게 했나요?
그 방법은 효과적이었나요?

친구가 소중히 여기는 물건을 실수로 잃어버리거나 망가뜨린 적이 있나요?

방해가 된다고 여러 번 이야기했는데도 말을 듣지 않는 친구가 있다면, 어떻게 하면 좋을까요?

치오는 어떤 감정을 느꼈나요?
가능한 자세히 감정들을 발견해 보세요.

치오는 왜 공룡로봇 경기에서 1등을 하고 싶었을까요?

아무렇지도 않게 했던 행동에 다른 친구들이 피해를 입었던 적이 있나요?
그런 상황을 알게 되었을 때 어떻게 행동했나요?

다른 친구들도 함께 규칙을 어겼는데, 나만 벌을 받게 된다면 어떨까요?

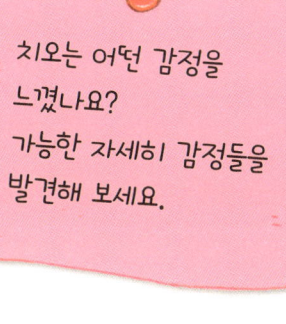
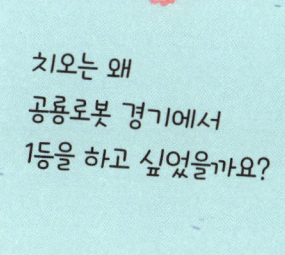
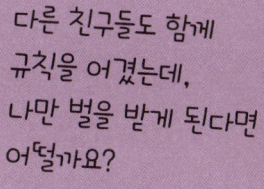

체니의 마음 읽기

자신의 생각에 맞지 않는 건 용납하지 않는 아이

체니는 친구들에게 규칙을 알려 주고 싶어 합니다. 규칙을 알려 주는 체니의 행동이 적절했는지에 초점을 맞추어 읽어 보세요.

체니처럼 또래에 비해 자기조절능력이 뛰어나고, 책임감이 강한 경우, 그렇지 못한 친구들을 보면 답답함을 느끼는 경우가 있습니다. 그래서 자신이 원하는 방향으로 친구들을 이끌기 위해 지적하고, 화를 내게 되는데 이런 방식은 친구들의 협력을 이끌어내지 못할 뿐 아니라 친구관계에도 부정적인 영향을 끼치게 됩니다. 다양한 수준의 능력과 생각을 가진 친구들과 소통하고 협력하는 경험이 필요합니다.

치오의 마음 읽기

친구들에게 인정받고 싶은 아이

치오가 1등이 되고 싶었던 이유와 그것이 좌절되었을 때 느낀 감정에 초점을 맞추어 읽어보세요.

아이들은 누구나 친구들 속에서 멋지게 보이려고 노력합니다. 하지만 그것이 좌절되었을 때, 인정을 받고자 하는 욕구가 지나치게 강하거나 열등감이 클 경우, 다른 친구들보다 더 심리적으로 위축되거나 폭력적으로 반응하기도 합니다. 자신의 존재를 증명하지 않아도 편안함을 느낄 수 있는 심리적 기반을 만들어 주고, 1등이 아닌 함께하는 즐거움이 더 중요하다는 걸 알 수 있도록 도와주는 것이 중요합니다.